화엄경 제41권(10정품 27-2) 해설

화엄경 10정품은 보살이 어떻게 諸佛國土에 三昧로써 들어가는가 하는 방법을 설명하였다.

"찰나에 들어가기도 하고 須臾에 들어가기도 하며, 불가설겁으로 들어 가기도 하고, 시(時)와 법(法)이 같지 않다."
하였다.(pp.1~4)

그러나 그 것은 마치 해와 달이 주야에 관계없이 항상 떠 있는 것처럼 일체 분별심을 여의고 있다(pp.4~5)고 말이다.

다음에는 『淸淨深心行三昧』에 대하여 설명하고(pp.6~14) 이어서 『과거장엄장삼매』 속에서 10종 부가사의 관정법(① 辯不違義 ② 說法無盡 ③ 訓詞無失 ④ 樂說不斷 ⑤ 心無恐畏 ⑥ 語必誠實 ⑦ 衆生所依 ⑧ 救脫三界 ⑨ 善根最勝 ⑩ 調御妙法)을 얻는 법과 (pp.15~22) 지광명장삼매 속에서 얻어지는 갖가지 공덕 (pp.22~39), 了知一切世界佛莊嚴三昧 속에서 부처님의 한량없는 빛과 형상을 원만히 성취하는 것에 대하여 설명하였다.(pp.40~59)

말하자면 이 삼매의 공덕으로 10종 速疾法(pp.60~61)과 10종 法印(pp.61~64)을 얻어 제석천왕이나 도이천왕의 지혜를 쓰고 10종 광대자장(pp.65~68)에 들어가 10종 청정위덕신을 얻어 중생들로 하여금 10종 원만을 얻게 하여 了知一切世界佛莊嚴大三昧善巧智를 실천한다 하였다.(pp.69~78)

十定品 第二十七之二

佛子야 云何가 爲菩薩摩訶薩의 摩訶薩神通과 三

次第佛佛子야 此菩薩摩訶薩이 於三

昧東方無數世界의 諸佛國土의 所有世界의

中에 入此三昧하야 或刹那에 入此

初日 或 日初分 時 須臾入 或
或 後分 或 夜 入 或入
百 時 中 一 或
年 須臾入 日分 時入 月入
入 月入 時入 或入 入
或 日 或入 或入 或
千 中 相 夜 或 五 或
年 分 初 續 日夜 一
入 時 分 後入 年入
或 時入 分 或入 入
百 入 或 半時 日

千年入或億年入或百千億
천년입혹억년입혹백천억

年入或百千那由他億年入
년입혹백천나유타억년입

或一劫入或百劫入或百千
혹일겁입혹백겁입혹백천

劫入或百千那由他億劫入
겁입혹백천나유타억겁입

或無數劫入或無量劫入或
혹무수겁입혹무량겁입혹

無邊劫入
무변겁입

或無等劫入或不可數劫
혹무등겁입혹불가수겁

染염		不부	入입	說설	劫겁	入입
著착	菩보	同동	若약	劫겁	入입	或혹
不부	薩살		久구	入입	或혹	不불
作작	於어		若약	或혹	不불	可가
二이	彼피		近근	不불	可가	稱칭
不부	不불		若약	可가	量량	劫겁
作작	生생		法법	說설	劫겁	入입
不불	分분		若약	不불	入입	或혹
二이	別별		時시	可가	或혹	不불
不부	心심		種종	說설	不불	可가
作작	無무		種종	劫겁	可가	思사

사경의 공덕은 십만억 부처님께 공양한 것과 같은 공덕이 있습니다.

普(보)神(신)法(법) 晝(주)夜(야) 訶(하)
不(부)通(통)不(불) 不(부)亦(역)薩(살)
作(작)方(방)忘(망) 譬(비)不(불)於(어)
別(별)便(편)不(불) 如(여)住(주)無(무)
雖(수)從(종)失(실) 日(일)日(일)生(생)數(수)
離(리)三(삼)至(지) 出(출)夜(야)世(세)
此(차)昧(매)於(어) 名(명)亦(역)界(계)
分(분)起(기)究(구) 周(주)不(불)入(입)
別(별)於(어)竟(경) 行(행)晝(주)滅(멸)神(신)
而(이)一(일) 照(조)日(일)沒(몰)菩(보)
以(이)切(체) 耀(요)名(명)薩(살)通(통)
晝(주)夜(야)摩(마)三(삼)

사경의 공덕은 십만억 부처님께 공양한 것과 같은 공덕이 있습니다.

昧入三昧已明見爾所為無數
世界亦復如是次第徧往諸菩薩
薩摩訶薩第如通大三菩薩摩訶薩此善巧智
佛國土神通為大菩薩摩訶薩
清淨深心行三昧菩薩摩訶薩此
薩摩訶薩知諸佛身數等眾

사경의 공덕은 십만억 부처님께 공양한 것과 같은 공덕이 있습니다.

切체	祇기	養양		以이	微미	生생
世세	佛불	以이	以이	一일	塵진	見견
界계	刹찰	一일	一일	切체	數수	無무
一일	而이	切체	切체	種종	於어	量량
切체	作작	種종	種종	種종	彼피	佛불
上상	供공	種종	種종	妙묘	一일	過과
妙묘	養양	蓋개	妙묘	香향	一일	阿아
莊장	以이	大대	華화	而이	諸제	僧승
嚴엄	超초	如여	而이	作작	如여	祇기
具구	過과	阿아	作작	供공	來래	世세
而이	一일	僧승	供공	養양	所소	界계

사경의 공덕은 십만억 부처님께 공양한 것과 같은 공덕이 있습니다.

作供養供養以散一切種種莊嚴寶具而作莊嚴經行處一切處無數上妙神力所尼寶流以諸佛剎種種上妙諸供養藏出過諸天上味飲食而作所流出一切佛剎種種上妙

사경의 공덕은 십만억 부처님께 공양한 것과 같은 공덕이 있습니다.

養具(양구) 能以(능이) 神力(신력) 普(보) 皆(개) 攝取(섭취) 而(이)
作(작) 供養(공양) 於(어) 彼(피) 一(일) 一(일) 諸(제) 如來(여래) 所(소)
恭敬(공경) 尊重(존중) 頭(두) 頂(정) 禮(례) 敬(경) 佛(불)
　 擧(거) 身(신) 布(포) 施(시) 請(청) 問(문) 法(법) 讚(찬) 佛(불)
平等(평등) 稱(칭) 揚(양) 諸(제) 佛(불) 廣(광) 大(대) 功(공) 德(덕)
於(어) 諸(제) 佛(불) 所(소) 入(입) 大(대) 悲(비) 得(득)
無(무) 礙(애) 之(지) 力(력) 於(어) 一(일) 念(념) 頃(경) 一(일) 切(체) 佛(불) 平等(평등) 入(입)

사경의 공덕은 십만억 부처님께 공양한 것과 같은 공덕이 있습니다.

大方廣佛華嚴經 9

如여	所소	不부		無무	於어	所소
是시	緣연	知지	如여	所소	世세	勤근
終종	滅멸	何하	散산	得득	入입	求구
不불	此차	所소	動동		般반	妙묘
分분	菩보	緣연	心심		涅열	法법
別별	薩살	起기	了료		槃반	然연
如여	摩마	心심	別별		如여	於어
來래	訶하	滅멸	所소		是시	諸제
出출	薩살	不부	緣연		之지	佛불
世세	亦역	知지	心심		相상	出출
及급	復부	何하	起기		皆개	興흥

大方廣佛華嚴經

味미	非비	淸청	於어	生생		涅열
以이	有유	非비	水수	不부		槃반
因인	體체	濁탁	非비	從종	子자	相상
緣연	非비	不불	有유	池지	如여	
故고	無무	堪감	非비	生생	日일	
而이	體체	飮음	無무	不불	中중	
現현	非비	漱수	非비	處처	陽양	
水수	有유	不불	善선	於어	焰염	
相상	味미	可가	非비	陸륙	不부	
		非비	穢예	惡악	不부	從종
		無무	汚오	非비	住주	雲운

사경의 공덕은 십만억 부처님께 공양한 것과 같은 공덕이 있습니다.

	所소	有유	來래	薩살	想상	爲위
佛불	分분	相상	出출	摩마	近근	識식
子자	別별	及급	興흥	訶하	之지	所소
此차		以이	於어	薩살	則즉	了료
三삼		無무	世세	亦역	無무	遠원
昧매		相상	及급	復부	水수	望망
名명		皆개	涅열	如여	想상	似사
爲위		是시	槃반	是시	自자	水수
淸청		想상	相상	不부	滅멸	而이
淨정		心심	諸제	得득	此차	興흥
深심		之지	佛불	如여	菩보	水수

사경의 공덕은 십만억 부처님께 공양한 것과 같은 공덕이 있습니다.

大方廣佛華嚴經 12

心行菩薩摩訶薩 於此三昧 入已而起 起已不失 譬如有人 入夢 從夢中 得寤已 憶所夢事 雖無睡眠而 夢境界 不忘失 菩薩摩訶薩 亦復如是 於三昧 見佛聞法 從定而起

사경의 공덕은 십만억 부처님께 공양한 것과 같은 공덕이 있습니다.

菩	竭	長	切	國	切	憶
보	갈	장	체	국	체	억
薩	開	諸	法	土	道	持
살	개	제	법	토	도	지
摩	示	佛	門	無	場	不
마	시	불	문	무	량	불
訶	演	種	皆	量	衆	忘
하	연	종	개	량	중	망
薩	說	無	亦	義	會	而
살	설	무	역	의	회	이
第	甚	畏	淸	趣	莊	以
제	심	외	청	취	장	이
四	深	具	淨	悉	嚴	此
사	심	구	정	실	엄	차
淸	法	足	然	得	一	法
청	법	족	연	득	일	법
淨	藏	辯	大	明	切	開
정	장	변	대	명	체	개
深	是	才	智	達	諸	曉
심	시	재	지	달	제	효
心	爲	不	炬	一	佛	一
심	위	불	거	일	불	일

사경의 공덕은 십만억 부처님께 공양한 것과 같은 공덕이 있습니다.

大方廣佛華嚴經 14

第 제	第 제	出 출	菩 보	知 지	行 행
中 중	刹 찰	現 현	薩 살	過 과	佛 불	大 대
諸 제	次 차	所 소	摩 마	去 거	子 자	三 삼
佛 불	第 제	謂 위	訶 하	莊 장	云 운	昧 매
出 출	中 중	劫 겁	薩 살	嚴 엄	何 하	善 선
現 현	諸 제	次 차	能 능	藏 장	爲 위	巧 교
次 차	劫 겁	第 제	知 지	三 삼	菩 보	智 지
第 제	次 차	中 중	過 과	昧 매	薩 살
佛 불	第 제	諸 제	去 거	佛 불	摩 마
出 출	劫 겁	刹 찰	諸 제	子 자	訶 하
現 현	次 차	次 차	佛 불	此 차	薩 살

	年	第	第	諸	中	次
佛	歲	壽	調	根	諸	第
子	數	命	伏	次	心	中
此	量	次	次	第	樂	說
菩	次	第	第	根	次	法
薩	第	中	中	次	第	次
摩		知	諸	第	心	第
訶		億	佛	中	樂	說
薩		那	壽	調	次	法
得		由	命	伏	第	次
如		他	次	次	中	第

사경의 공덕은 십만억 부처님께 공양한 것과 같은 공덕이 있습니다.

去 거	生 생	知 지	過 과	去 거	諸 제	是 시
諸 제	則 즉	過 과	去 거	法 법	佛 불	無 무
儀 의	知 지	去 거	諸 제	門 문	則 즉	邊 변
式 식	過 과	諸 제	法 법	則 즉	知 지	次 차
則 즉	去 거	解 해	則 즉	知 지	過 과	第 제
知 지	諸 제	則 즉	知 지	過 과	去 거	智 지
過 과	煩 번	知 지	過 과	去 거	諸 제	故 고
去 거	惱 뇌	過 과	去 거	諸 제	刹 찰	則 즉
諸 제	則 즉	去 거	諸 제	劫 겁	則 즉	知 지
清 청	知 지	諸 제	心 심	則 즉	知 지	過 과
淨 정	過 과	衆 중	則 즉	知 지	過 과	去 거

사경의 공덕은 십만억 부처님께 공양한 것과 같은 공덕이 있습니다.

藏於佛子 此三昧 名過去清淨

千億入無不可稱劫 能入不可數

劫於那由他劫 能入百千億

等無量劫 能入劫 能入無邊

數劫 能入能入劫 能入百劫 能入

千劫 能入不可思議劫 能入百千

劫 能入無數劫 能入

可 가	三 삼		滅 멸	彼 피	能 능	入 입
思 사	昧 매	佛 불	現 현	菩 보	入 입	不 불
議 의	起 기	子 자	在 재	薩 살	不 불	可 가
灌 관	於 어	彼 피	不 불	摩 마	可 가	量 량
頂 정	如 여	菩 보	緣 연	訶 하	說 설	劫 겁
法 법	來 래	薩 살	過 과	薩 살	不 불	能 능
亦 역	所 소	摩 마	去 거	入 입	可 가	入 입
得 득	受 수	訶 하		此 차	說 설	不 불
亦 역	十 십	薩 살		三 삼	劫 겁	可 가
淸 청	種 종	從 종		昧 매	佛 불	說 설
淨 정	不 불	此 차		不 불	子 자	劫 겁

사경의 공덕은 십만억 부처님께 공양한 것과 같은 공덕이 있습니다.

亦平十無說語者
역평십무설어자
成等一盡不必救
성등일진부필구
就了三者斷誠脫
취료삼자단성탈
亦知者辯五實三
역지자변오실삼
入三不訓者七界
입삼불훈자칠계
亦輪違辭心者九
역륜위사심자구
證淸義無無衆者
증청의무무중자
亦淨二失恐生善
역정이실공생선
滿何者四畏所根
만하자사외소근
亦等說者六依最
역등설자육의최
持爲法樂者八勝
지위법락자팔승

사경의 공덕은 십만억 부처님께 공양한 것과 같은 공덕이 있습니다.

十者, 調御妙法. 菩薩佛子, 此此是十種法. 若菩薩摩訶薩, 得此十法, 則能入於三昧. 三昧十種, 從種灌頂, 從三昧起. 若菩薩摩訶薩, 入此三昧, 則得從此三昧起, 此是十種. 菩薩摩訶薩, 於間一則得如是. 則從生起藏摩, 訶薩亦復如是, 識則託生菩薩胎藏. 如來所一念則得, 此十種法.

사경의 공덕은 십만억 부처님께 공양한 것과 같은 공덕이 있습니다.

佛子是名菩薩摩訶薩第五善巧智知過去智

佛子云何為菩薩摩訶薩智光明藏三昧此三昧能知彼

摩訶薩一切三昧

一切世界一切劫中所有諸

사경의 공덕은 십만억 부처님께 공양한 것과 같은 공덕이 있습니다.

大方廣佛華嚴經 22

說 설	名 명	名 명		同 동	若 약	佛 불
名 명	不 불	無 무	所 소		未 미	若 약
當 당	可 가	等 등	謂 위		授 수	已 이
出 출	思 사	名 명	無 무		記 기	說 설
現 현	名 명	不 불	數 수		種 종	若 약
於 어	不 불	可 가	名 명		種 종	未 미
世 세	可 가	數 수	無 무		名 명	說 설
當 당	量 량	量 량	量 량		號 호	若 약
利 리	名 명	不 불	名 명		各 각	已 이
益 익	不 불	可 가	無 무		各 각	授 수
衆 중	可 가	稱 칭	邊 변		不 부	記 기

사경의 공덕은 십만억 부처님께 공양한 것과 같은 공덕이 있습니다.

圓 원	滿 만	當 당	開 개	當 당	福 복	生 생
滿 만	行 행	成 성	示 시	淨 정	利 리	當 당
衆 중	發 발	一 일	第 제	治 치	當 당	作 작
備 비	圓 원	切 체	一 일	諸 제	讚 찬	法 법
圓 원	滿 만	智 지	義 의	惡 악	善 선	王 왕
滿 만	願 원	彼 피	諦 제	當 당	義 의	當 당
莊 장	入 입	諸 제	當 당	安 안	當 당	興 흥
嚴 엄	圓 원	如 여	入 입	住 주	說 설	佛 불
集 집	滿 만	來 래	灌 관	功 공	白 백	事 사
圓 원	智 지	修 수	頂 정	德 덕	分 분	當 당
滿 만	有 유	圓 원	位 위	當 당	義 의	說 설

사경의 공덕은 십만억 부처님께 공양한 것과 같은 공덕이 있습니다.

劫겁	一일	化화	名명	圓원	功공
百백	此차	切체	成성	滿만	德덕
劫겁	菩보	皆개	熟숙	種종	悟오
千천	薩살	悉실	衆중	族족	圓원
劫겁	於어	了료	生생	方방	成성
百백	一일	知지	入입	便편	滿만
千천	念념		般반	善선	法법
劫겁	中중		涅열	巧교	得득
百백	能능		槃반	神신	圓원
千천	入입		如여	通통	滿만
億억	一일		是시	變변	如여
				來래	果과
					具구

사경의 공덕은 십만억 부처님께 공양한 것과 같은 공덕이 있습니다.

百千億那由他佛刹微塵數劫　入佛刹微塵數大千世界塵數劫　入塵數劫　數劫　界數劫微世　千世中千世　入入入入小　那由他劫閻浮提微塵數

사경의 공덕은 십만억 부처님께 공양한 것과 같은 공덕이 있습니다.

劫 겁	數 수	塵 진	微 미	佛 불	無 무	劫 겁
入 입	劫 겁	數 수	塵 진	刹 찰	量 량	入 입
不 불	入 입	劫 겁	數 수	微 미	佛 불	無 무
可 가	不 불	入 입	劫 겁	塵 진	刹 찰	數 수
量 량	可 가	不 불	入 입	數 수	微 미	佛 불
佛 불	思 사	可 가	不 불	劫 겁	塵 진	刹 찰
刹 찰	佛 불	稱 칭	可 가	入 입	數 수	微 미
微 미	刹 찰	佛 불	數 수	無 무	劫 겁	塵 진
塵 진	微 미	刹 찰	佛 불	等 등	入 입	數 수
數 수	塵 진	微 미	刹 찰	佛 불	無 무	劫 겁
劫 겁	數 수	塵 진	微 미	刹 찰	邊 변	入 입

사경의 공덕은 십만억 부처님께 공양한 것과 같은 공덕이 있습니다.

故(고) 持(지)　　劫(겁) 劫(겁) 不(불) 入(입)
得(득) 門(문) 以(이) 數(수) 如(여) 可(가) 不(불)
不(불) 何(하) 了(료) 能(능) 是(시) 說(설) 可(가)
可(가) 者(자) 知(지) 以(이) 未(미) 不(불) 說(설)
說(설) 爲(위) 故(고) 智(지) 來(래) 可(가) 佛(불)
佛(불) 十(십) 其(기) 慧(혜) 一(일) 說(설) 刹(찰)
刹(찰) 所(소) 心(심) 皆(개) 切(체) 佛(불) 微(미)
微(미) 謂(위) 復(부) 悉(실) 世(세) 刹(찰) 塵(진)
塵(진) 入(입) 入(입) 了(료) 界(계) 微(미) 數(수)
數(수) 佛(불) 十(십) 知(지) 所(소) 塵(진) 劫(겁)
諸(제) 持(지) 種(종) 　　 有(유) 數(수) 入(입)

사경의 공덕은 십만억 부처님께 공양한 것과 같은 공덕이 있습니다.

大方廣佛華嚴經　28

佛護念 羅尼 故 持 智 入 法
護 尼 出 持 大 輪
念 光 生 無 故 悲 入
入 明 圓 能 所 持 差
法 無 滿 映 行 故 別
持 盡 殊 蔽 佛 轉 善
故 辯 勝 無 法 於 巧
得 才 諸 能 無 不 句
十 入 願 摧 有 退 持
種 行 伏 障 清 故
陀 持 力 入 礙 淨 轉

사경의 공덕은 십만억 부처님께 공양한 것과 같은 공덕이 있습니다.

可 가	入 입	持 지	菩 보	輪 윤	入 입	一 일
說 설	無 무	故 고	薩 살	出 출	師 사	切 체
廣 광	住 주	令 령	行 행	欲 욕	子 자	文 문
大 대	力 력	無 무	常 상	淤 어	受 수	字 자
劫 겁	持 지	邊 변	不 불	泥 니	生 생	輪 륜
入 입	故 고	衆 중	休 휴	入 입	法 법	淨 정
法 법	入 입	生 생	息 식	智 지	持 지	一 일
力 력	不 불	普 보	入 입	力 력	故 고	切 체
持 지	可 가	得 득	善 선	持 지	開 개	法 법
故 고	說 설	淸 청	友 우	故 고	法 법	門 문
以 이	不 불	淨 정	力 력	修 수	關 관	地 지

사경의 공덕은 십만억 부처님께 공양한 것과 같은 공덕이 있습니다.

衆 중	善 선	劫 겁	昧 매		清 청	無 무
生 생	巧 교	善 선	已 이	佛 불	淨 정	礙 애
善 선	知 지	巧 교	善 선	子 자		方 방
巧 교	不 불	住 주	巧 교	菩 보		便 편
知 지	可 가	不 불	住 주	薩 살		智 지
不 불	說 설	可 가	不 불	摩 마		知 지
可 가	不 불	說 설	可 가	訶 하		一 일
說 설	可 가	不 불	說 설	薩 살		切 체
不 불	說 설	可 가	不 불	住 주		法 법
可 가	種 종	說 설	可 가	此 차		自 자
說 설	種 종	刹 찰	說 설	三 삼		性 성

사경의 공덕은 십만억 부처님께 공양한 것과 같은 공덕이 있습니다.

說染善進　可眾
不淨巧諸說生
可種知根同異
說種不習知異相
法思可氣不業善
種惟說相可報巧
種善不續說　知
義巧可差不　不
無知說別可　可
量不無諸說　說
文可量行精　不

佛불	不불	無무	涅열	節절	不불	字자
子자	可가	邊변	槃반	現현	可가	演연
譬비	說설	智지	善선	相상	說설	說설
如여	一일	慧혜	巧교	說설	種종	言언
日일	切체	門문	知지	法법	種종	辭사
出출	神신	善선	不불	施시	佛불	善선
世세	通통	巧교	可가	爲위	出출	巧교
間간	無무	知지	說설	佛불	現현	知지
所소	量량	不불	不불	事사	種종	不불
有유	變변	可가	可가	入입	族족	可가
	現현	說설	說설	般반	時시	說설

사경의 공덕은 십만억 부처님께 공양한 것과 같은 공덕이 있습니다.

村營城邑宮殿屋宅山澤鳥獸樹林華果如是一切種種諸物有光有目之人悉得明見佛亦如是子日見光平等種等無人有悉是一切種佛令目平等種相此大無分得一明切種令如是體性平等無有此大無分別明見亦能復如是體性不平等說無有三昧而亦能能令菩薩知不可說不可說

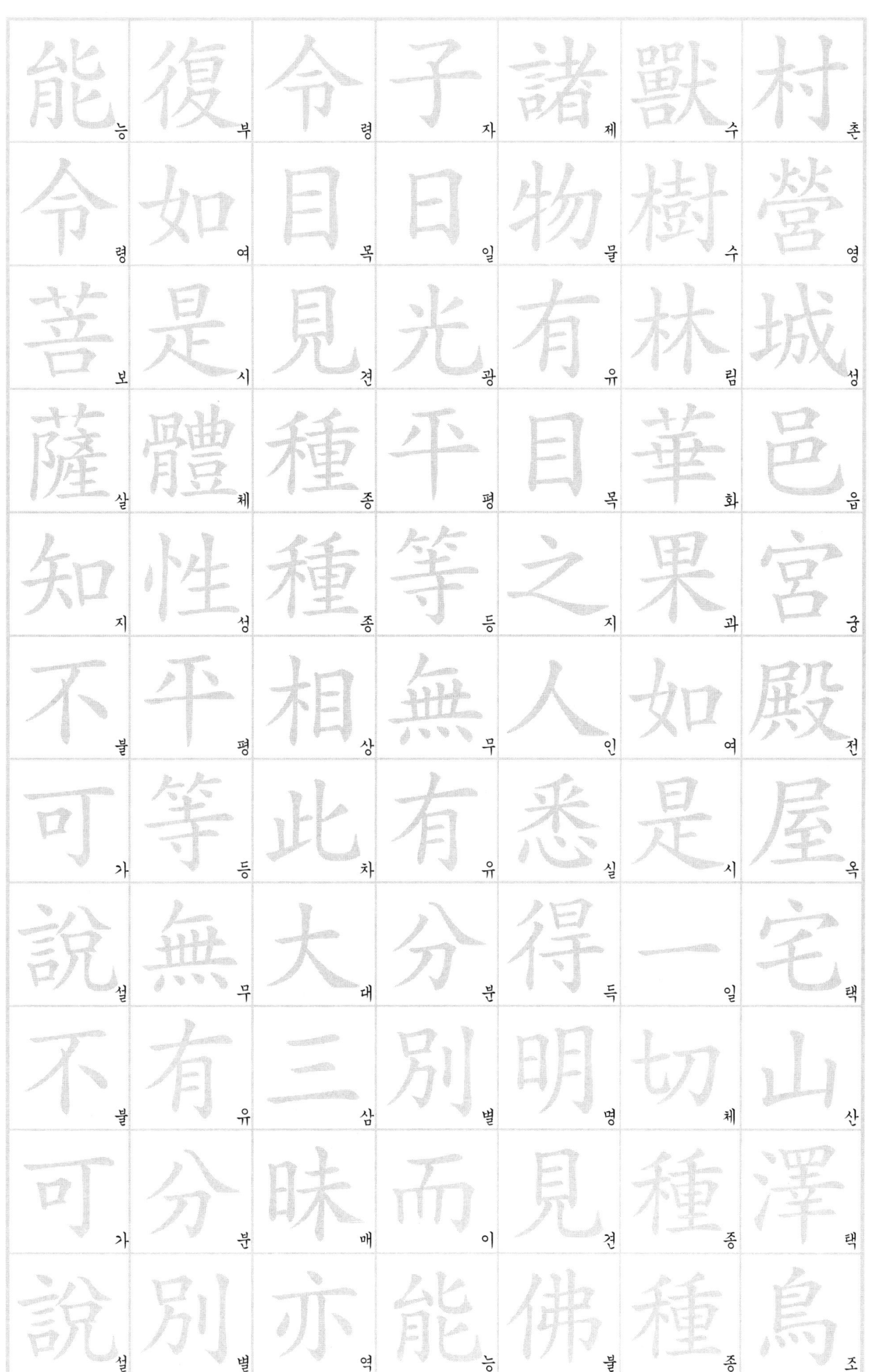

百千億那由他差別之相佛
子此諸菩薩摩訶薩如是了知
時令諸衆生摩訶薩如是種不空
等爲十諸衆生見得十種不空
生善根故者見不空不令諸衆
諸衆生善根故二見不空不令諸衆
不空令諸衆生得成熟
不空令諸衆生心調伏故
四住令衆何知佛

사경의 공덕은 십만억 부처님께 공양한 것과 같은 공덕이 있습니다.

者	不	說	淨	者	而	者
자	불	설	정	자	이	자
願	可	不	故	行	作	發
원	가	불	고	행	작	발
不	說	可	六	不	通	起
불	설	가	육	불	통	기
空	不	說	者	空	達	不
공	불	설	자	공	달	불
隨	可	佛	親	令	一	空
수	가	불	친	령	일	공
所	說	刹	近	無	切	令
소	설	찰	근	무	체	령
念	衆	諸	不	邊	諸	諸
념	중	제	불	변	제	제
衆	生	如	空	世	法	衆
중	생	여	공	세	법	중
生	疑	來	於	界	義	生
생	의	래	어	계	의	생
令	故	所	不	皆	故	如
령	고	소	불	개	고	여
作	七	斷	可	淸	五	言
작	칠	단	가	청	오	언

사경의 공덕은 십만억 부처님께 공양한 것과 같은 공덕이 있습니다.

無邊相令一切衆生皆蒙照 住佛道故十者出現不空 生中方便開示一切智行令 空於不可說不可說諸法根衆 脫清淨不空智故雨諸法雨不 巧法不可皆令得住無礙解 勝供養成就諸願故八者善

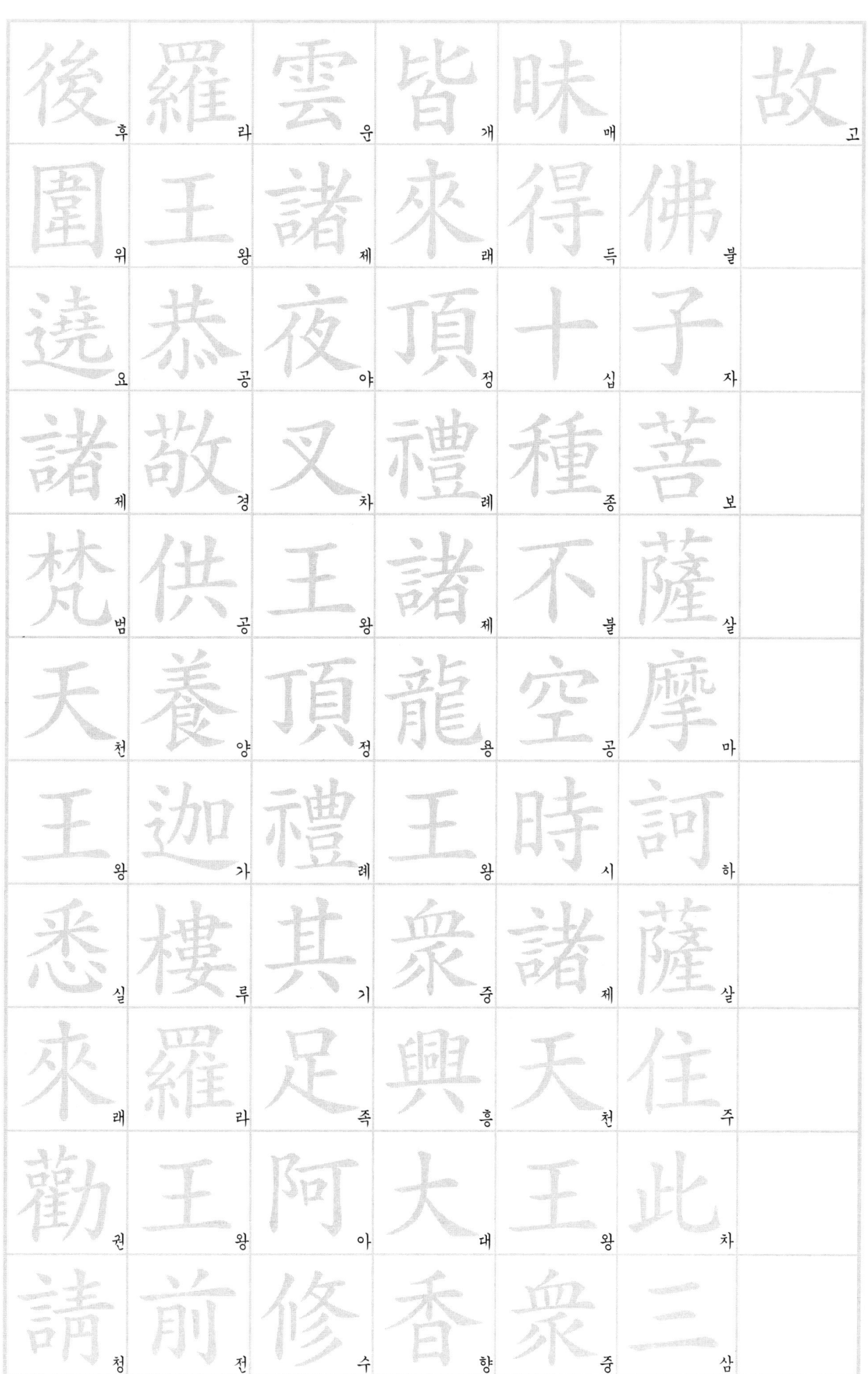

사경의 공덕은 십만억 부처님께 공양한 것과 같은 공덕이 있습니다.

緊那羅王摩睺羅伽王咸共
稱讚乾闥婆王常來親近諸
人王衆承事供養佛子是爲
菩薩摩訶薩第六智光明藏
大三昧善巧智
佛子云何爲菩薩摩訶薩
了知一切世界佛莊嚴三昧

佛子此三昧何故名了知一切世界佛莊嚴佛子菩薩摩訶薩住此三昧能次第入東方世界能次第入南方世界西方北方四維上下所有世界悉亦如是能次第入皆見諸佛出興於世亦見彼佛一

사경의 공덕은 십만억 부처님께 공양한 것과 같은 공덕이 있습니다.

集 집	神 신	見 견	子 자	佛 불	亦 역	切 체
衆 중	足 족	諸 제	吼 후	最 최	見 견	神 신
會 회	變 변	佛 불	亦 역	勝 승	諸 제	力 력
淸 청	化 화	種 종	見 견	自 자	佛 불	亦 역
淨 정	亦 역	種 종	諸 제	在 재	廣 광	見 견
衆 중	見 견	莊 장	佛 불	亦 역	大 대	諸 제
會 회	諸 제	嚴 엄	所 소	見 견	威 위	佛 불
廣 광	佛 불	亦 역	修 수	諸 제	德 덕	所 소
大 대	衆 중	見 견	諸 제	佛 불	亦 역	有 유
衆 중	會 회	諸 제	行 행	大 대	見 견	遊 유
會 회	雲 운	佛 불	亦 역	師 사	諸 제	戲 희

사경의 공덕은 십만억 부처님께 공양한 것과 같은 공덕이 있습니다.

等	見	浮	見	衆	會	一
등	견	부	견	중	회	일
中	衆	提	亦	會	居	相
중	중	제	역	회	거	상
千	會	亦	見	威	止	衆
천	회	역	견	위	지	중
界	等	見	衆	德	衆	會
계	등	견	중	덕	중	회
亦	小	衆	會	如	會	多
역	소	중	회	여	회	다
見	千	會	其	是	成	相
견	천	회	기	시	성	상
衆	界	等	量	一	熟	衆
중	계	등	량	일	숙	중
會	亦	四	大	切	衆	會
회	역	사	대	체	중	회
量	見	天	小	悉	會	處
량	견	천	소	실	회	처
等	衆	下	等	皆	調	所
등	중	하	등	개	조	소
三	會	亦	閻	明	伏	衆
삼	회	역	염	명	복	중

사경의 공덕은 십만억 부처님께 공양한 것과 같은 공덕이 있습니다.

千百　刹塵佛充
大千亦亦數刹滿
千世億千見佛微百
世界那億眾刹塵千
界亦由會會亦數億
亦見他充充見佛那
見眾佛滿滿充眾由
眾會刹阿百會亦他
會充僧　刹會刹佛
充滿祇　滿眾刹見
滿　佛微千會微

사경의 공덕은 십만억 부처님께 공양한 것과 같은 공덕이 있습니다.

	無무	微미	刹찰	會회	數수	塵진
亦역	等등	塵진	亦역	充충	佛불	數수
見견	佛불	數수	見견	滿만	刹찰	佛불
衆중	刹찰	佛불	衆중	無무	微미	刹찰
會회	微미	刹찰	會회	量량	塵진	亦역
充충	塵진	亦역	充충	佛불	數수	見견
滿만	數수	見견	滿만	刹찰	佛불	衆중
不불	佛불	衆중	無무	微미	刹찰	會회
可가	刹찰	會회	邊변	塵진	亦역	充충
數수		充충	佛불	數수	見견	滿만
佛불		滿만	刹찰	佛불	衆중	無무

사경의 공덕은 십만억 부처님께 공양한 것과 같은 공덕이 있습니다.

塵진	見견	不불	微미	亦역	滿만	刹찰
數수	衆중	可가	塵진	見견	不불	微미
佛불	會회	量량	數수	衆중	可가	塵진
刹찰	充충	佛불	佛불	會회	稱칭	數수
亦역	滿만	刹찰	刹찰	充충	佛불	佛불
見견	不불	微미	亦역	滿만	刹찰	刹찰
衆중	可가	塵진	見견	不불	微미	亦역
會회	說설	數수	衆중	可가	塵진	見견
充충	佛불	佛불	會회	思사	數수	衆중
滿만	刹찰	刹찰	充충	佛불	佛불	會회
不불	微미	亦역	滿만	刹찰	刹찰	充충

사경의 공덕은 십만억 부처님께 공양한 것과 같은 공덕이 있습니다.

	種	種	國	中	刹	可
	종	종	국	중	찰	가
菩	種	莊	土	示	亦	說
보	종	장	토	시	역	설
薩	事	嚴	種	現	見	不
살	사	엄	종	현	견	불
摩	業	種	種	種	諸	可
마	업	종	종	종	제	가
訶		種	變	種	佛	說
하		종	변	종	불	설
薩		自	化	相	於	佛
살		자	화	상	어	불
亦		在	種	種	彼	刹
역		재	종	종	피	찰
見		種	種	種	衆	微
견		종	종	종	중	미
自		種	神	時	會	塵
자		종	신	시	회	진
身		形	通	種	道	數
신		형	통	종	도	수
往		量	種	種	場	佛
왕		량	종	종	량	불

사경의 공덕은 십만억 부처님께 공양한 것과 같은 공덕이 있습니다.

倦권	不부	自자	虛허	身신	亦역	彼피
亦역	住주	見견	空공	善선	自자	衆중
自자	分분	身신	亦역	知지	見견	會회
見견	別별	不불	自자	緣연	身신	亦역
身신	亦역	生생	見견	起기	受수	自자
普보	自자	染염	身신	亦역	持지	見견
入입	見견	著착	住주	自자	佛불	身신
諸제	身신	亦역	於어	見견	語어	在재
智지	無무	自자	法법	身신	亦역	彼피
亦역	有유	見견	身신	住주	自자	說설
自자	疲피	身신	亦역	在재	見견	法법

사경의 공덕은 십만억 부처님께 공양한 것과 같은 공덕이 있습니다.

사경의 공덕은 십만억 부처님께 공양한 것과 같은 공덕이 있습니다.

捨 사	滅 멸	別 별	譬 비	著 착	佛 불	別 별
於 어	菩 보	音 음	如 여	身 신	不 불	國 국
行 행	薩 살	聲 성	諸 제	業 업	分 분	土 토
隨 수	摩 마	而 이	法 법	不 부	別 별	不 불
世 세	訶 하	自 자	不 불	執 집	法 법	分 분
所 소	薩 살	性 성	分 분	著 착	不 부	別 별
作 작	亦 역	不 불	別 별	心 심	執 집	衆 중
而 이	復 부	捨 사	自 자	不 부	著 착	生 생
於 어	如 여	名 명	性 성	執 집	身 신	不 불
此 차	是 시	字 자	不 불	著 착	不 부	分 분
	二 이	不 불	不 불	分 분	意 의	執 집	別 별

사경의 공덕은 십만억 부처님께 공양한 것과 같은 공덕이 있습니다.

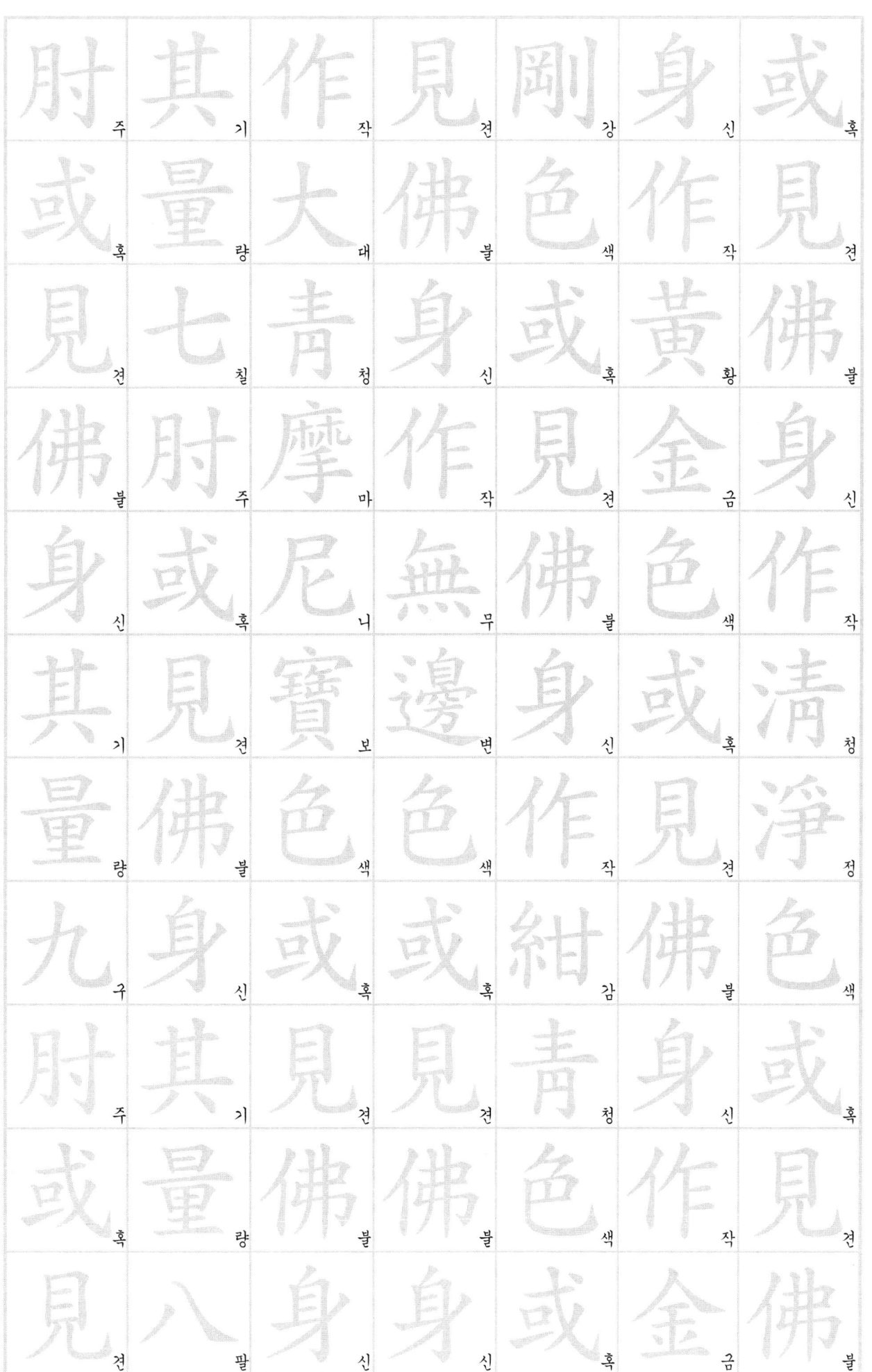

사경의 공덕은 십만억 부처님께 공양한 것과 같은 공덕이 있습니다.

佛身其量十肘。或見佛身二十肘量。或見佛身三十肘量。如是乃至一百肘量。一千肘量。一俱盧舍量。或見佛身半由旬量。或見佛身一由旬量。或見佛身十由旬量。或見佛身百

사경의 공덕은 십만억 부처님께 공양한 것과 같은 공덕이 있습니다.

사경의 공덕은 십만억 부처님께 공양한 것과 같은 공덕이 있습니다.

사경의 공덕은 십만억 부처님께 공양한 것과 같은 공덕이 있습니다.

說大千世界量身佛見或量界說大千世界量或見佛身不可量不可說大千世界

或見佛身不可稱不可思量不可量大千世界

或見佛身不可數不可稱大千世界不可思量大千世界

사경의 공덕은 십만억 부처님께 공양한 것과 같은 공덕이 있습니다.

大方廣佛華嚴經 55

無量佛子 菩薩 如是 見諸如來

現無量色相 無量光明 無量形狀 網其示

光無分不量等于法界 令發起 無法界 上智中

慧又見佛身 普照法界 無染著 無上有

障礙上妙清淨

無 무	之 지	廣 광	減 감	空 공	而 이
所 소	時 시	其 기	小 소	於 어	如 여	佛 불
減 감	亦 역	諸 제	於 어	蟲 충	來 래	子 자
	無 무	佛 불	無 무	所 소	身 신	菩 보
	所 소	身 신	數 수	食 식	不 부	薩 살
	增 증	亦 역	世 세	芥 개	增 증	如 여
	見 견	復 부	界 계	子 자	不 불	是 시
	小 소	如 여	中 중	孔 공	減 감	見 견
	之 지	是 시	亦 역	中 중	譬 비	於 어
	時 시	見 견	不 부	亦 역	如 여	佛 불
	亦 역	大 대	增 증	不 불	虛 허	身 신

사경의 공덕은 십만억 부처님께 공양한 것과 같은 공덕이 있습니다.

來래	相상	隨수	摩마	者자	見견	
身신	言언	其기	訶하	見견	其기	佛불
不부	辭사	心심	薩살	其기	形형	子자
增증	演연	樂락	亦역	形형	小소	譬비
不불	法법	見견	復부	大대	而이	如여
減감	受수	諸제	如여	而이	亦역	月월
	持지	佛불	是시	亦역	不불	輪륜
	不불	身신	住주	不부	減감	閻염
	忘망	種종	此차	增증	月월	浮부
	而이	種종	三삼	菩보	中중	提제
	如여	化화	昧매	薩살	住주	人인

사경의 공덕은 십만억 부처님께 공양한 것과 같은 공덕이 있습니다.

十 십	昧 매		離 리	淨 정	將 장	
所 소	成 성	佛 불	於 어	菩 보	受 수	佛 불
謂 위	就 취	子 자	此 차	薩 살	生 생	子 자
速 속	十 십	菩 보	甚 심	摩 마	時 시	譬 비
增 증	種 종	薩 살	深 심	訶 하	不 불	如 여
諸 제	速 속	摩 마	三 삼	薩 살	離 리	衆 중
行 행	疾 질	訶 하	昧 매	亦 역	於 어	生 생
圓 원	法 법	薩 살	所 소	復 부	心 심	命 명
滿 만	何 하	住 주	見 견	如 여	所 소	終 종
大 대	者 자	此 차	淸 청	是 시	見 견	之 지
願 원	爲 위	三 삼	淨 정	不 불	淸 청	後 후

사경의 공덕은 십만억 부처님께 공양한 것과 같은 공덕이 있습니다.

歡喜速隨勝解示現神變速
摧破魔軍速斷衆生疑令生
一切如來同住速以慈力
速以平等示智趣入十力大
衆生業示法現諸佛清淨國土
便轉於法輪度脫衆生生
速以法光照耀世間速以方

사경의 공덕은 십만억 부처님께 공양한 것과 같은 공덕이 있습니다.

以種種妙法言辭淨諸菩薩復爲得世間
佛子此菩薩摩訶薩復何等得諸佛
十種佛子此菩薩摩訶薩等爲
十種法印印一切法一切法何復
一種者法同印印一切法今諸如來諸
平等善根同去者來同諸得
無邊際智慧法法身三諸者同諸
如來住不二法四者同諸如

來	平	法	來	同	法	恒
래	평	법	래	동	법	항
觀	等	界	成	諸	八	不
관	등	계	성	제	팔	불
察	五	無	就	如	者	止
찰	오	무	취	여	자	지
三	者	礙	十	來	同	息
삼	자	애	십	래	동	식
世	同	境	力	永	諸	九
세	동	경	력	영	제	구
無	諸	界	所	絶	如	者
무	제	계	소	절	여	자
量	如	六	行	二	來	同
량	여	육	행	이	래	동
境	來	者	無	行	敎	諸
경	래	자	무	행	교	제
界	得	同	礙	住	化	如
계	득	동	애	주	화	여
皆	了	諸	七	無	衆	來
개	료	제	칠	무	중	래
悉	達	如	者	諍	生	於
실	달	여	자	쟁	생	어

사경의 공덕은 십만억 부처님께 공양한 것과 같은 공덕이 있습니다.

智善巧 十 等
善巧義 者 無
善巧 同 二
諸 若
如 一
來 切
與 菩
一 薩
切 摩
佛 訶
平 薩
等 成
觀 就
察

此了知一切世界是佛莊嚴師者

三昧善巧方便門是佛無

不由他教自入一切佛法故

사경의 공덕은 십만억 부처님께 공양한 것과 같은 공덕이 있습니다.

一切智門故是無異想者所
者令故得住故是真實知者入
生故是安慰住者能未開住佛種性
故是第一清淨者能度開脫曉一切
是故丈夫者能開悟一性一本淨故眾生

盛 성	置 치		故 고	雨 우	了 료	言 언
其 기	摩 마	佛 불		者 자	知 지	無 무
釋 석	尼 니	子 자		隨 수	一 일	二 이
天 천	寶 보	譬 비		衆 중	切 체	故 고
王 왕	以 이	如 여		生 생	佛 불	是 시
初 초	寶 보	帝 제		心 심	法 법	住 주
獲 획	力 력	釋 석		樂 락	故 고	法 법
此 차	故 고	於 어		悉 실	是 시	藏 장
寶 보	威 위	頂 정		令 령	能 능	者 자
則 즉	光 광	髻 계		充 충	雨 우	誓 서
得 득	轉 전	中 중		足 족	法 법	願 원

사경의 공덕은 십만억 부처님께 공양한 것과 같은 공덕이 있습니다.

十法出過一切三十二者形體何
等為十一者示現一切色相屬資體
三者具六者音聲眷神通用如
自在九者悉解十智通用如
是十種悉過一切三十二者
菩薩摩訶薩亦復如是初天

사경의 공덕은 십만억 부처님께 공양한 것과 같은 공덕이 있습니다.

始廣耀衆變智者
獲大一生化五普
得智切受智者攝
此藏佛生四通一
三何刹智者達切
昧等智三普一淨
時爲二者入切法
則十普一一切智
得一者普佛法七
十一知三佛智者
種照切世作一普

昧 매		餘 여	者 자	者 자	現 현	令 령
復 복	佛 불	智 지	安 안	一 일	見 견	一 일
得 득	子 자		住 주	切 체	一 일	切 체
十 십	菩 보		一 일	自 자	切 체	衆 중
種 종	薩 살		切 체	在 재	法 법	生 생
最 최	摩 마		廣 광	到 도	普 보	入 입
清 청	訶 하		大 대	於 어	眼 안	法 법
淨 정	薩 살		法 법	彼 피	清 청	身 신
威 위	住 주		普 보	岸 안	淨 정	智 지
德 덕	此 차		盡 진	智 지	智 지	八 팔
身 신	三 삼		無 무	十 십	九 구	者 자

사경의 공덕은 십만억 부처님께 공양한 것과 같은 공덕이 있습니다.

說光明輪 四者 爲親近 一
調伏衆生故 放不可說
說無量色相 光明輪 三
界咸淸淨故 放光明世界
不可可可說
說不可說世界 故 放
何等爲 十 一者 爲照耀不可

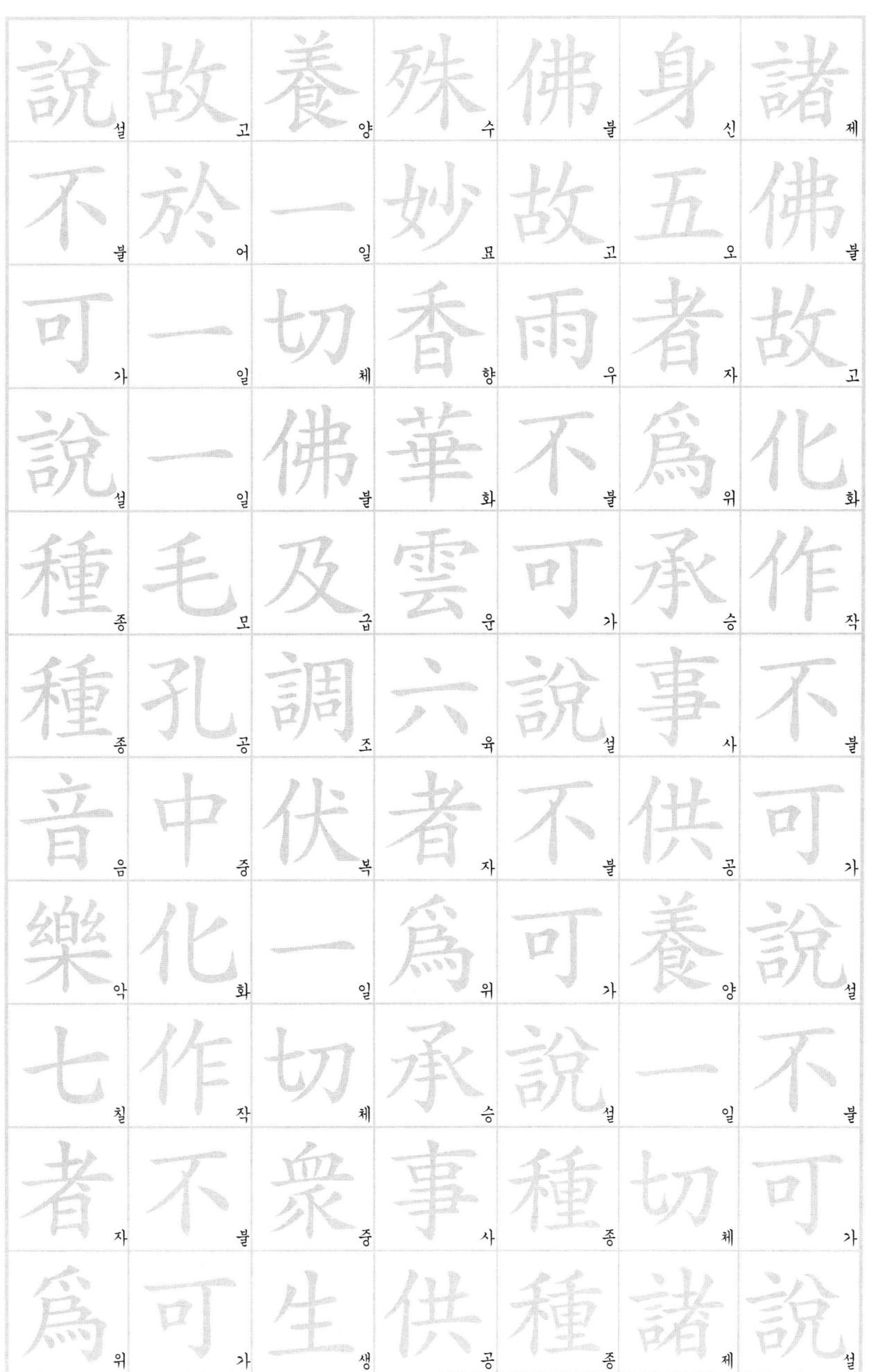

說不可說 故於一 養一切 殊妙 佛故 身五 諸佛故
種種音樂七者爲 毛孔中化作不可 及調伏化作一切 香華雲六說者爲 雨不可承事不供養說一 五者故化作不可說

成熟衆生故 說於種種無量種種自在神變 一切佛 所說不可 說法 世界之者 皆不空故 為令 一切 可不可 說 現不可說 見聞 之者 皆不 空故

種種無量

사경의 공덕은 십만억 부처님께 공양한 것과 같은 공덕이 있습니다.

生	種		言	故	爲	淸
得	最	佛		發	與	淨
十	淸	子		不	衆	色
種	淨	菩		可	生	相
圓	威	薩		說	開	身
滿	德	摩		不	示	無
何	身	訶		可	無	能
等	已	薩		說	量	見
爲	能	得		音	秘	頂
十	令	此		聲	密	十
一	衆	十		語	法	者

사경의 공덕은 십만억 부처님께 공양한 것과 같은 공덕이 있습니다.

定心圓滿八者能令衆生

生念所集業七者能令衆

衆生見佛神變六者能令

衆生知有佛世界五者能

令衆生聽聞於法四者能

能令衆生信於佛三者能

者能令衆生得見於佛二

者能令衆生能令衆者

佛清淨智 九者能令衆生圓滿發菩提心 十者能令衆生得十佛十種子菩薩摩訶薩 復爲衆生作 ... 復爲衆生作 ... 十種子圓滿 已復爲十所謂以音聲作佛事 十種佛事 何等爲十所謂以音聲作佛事爲成熟衆生故

사경의 공덕은 십만억 부처님께 공양한 것과 같은 공덕이 있습니다.

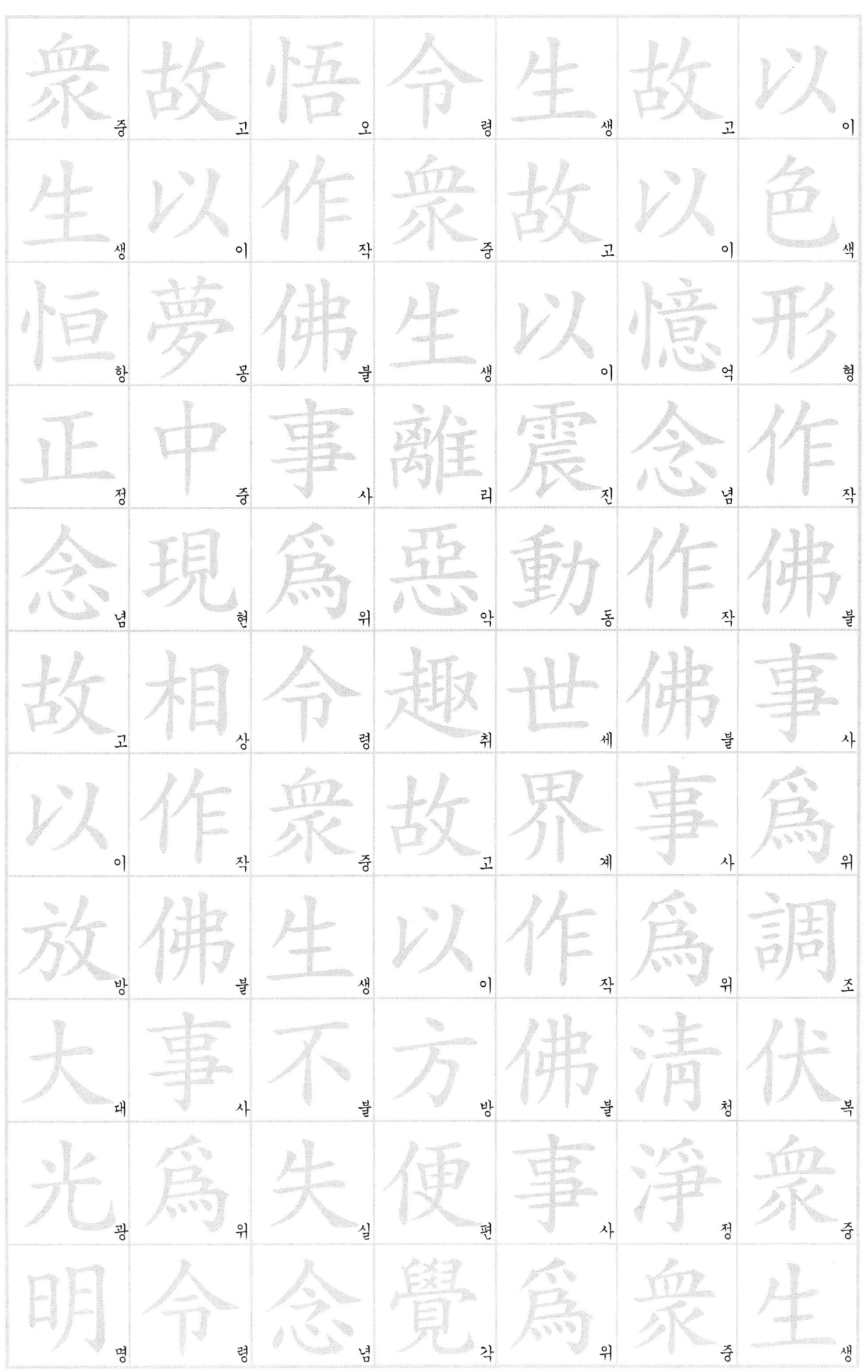

衆生故 悟令生故以
生以作衆故以色
恒夢佛生以憶形
正中事離震念作
念現爲惡動作佛
故相令趣世佛事
以作衆故界事爲
放佛生以作爲調
大事不方佛清伏
光爲失便事淨衆
明令念覺爲生

사경의 공덕은 십만억 부처님께 공양한 것과 같은 공덕이 있습니다.

事不轉佛生以作
사불전불생이작
爲失妙事住修佛
위실묘사주수불
調時法爲勝菩事
조시법위승보사
伏故輪令願薩爲
복고륜령원살위
一以作衆故行普
일이작중고행보
切現佛生以作攝
체현불생이작섭
衆住事知成佛取
중주사지성불취
生壽爲幻正事諸
생수위환정사제
故命衆法等爲衆
고명중법등위중
以作說故覺令生
이작설고각령생
示佛法以作衆故
시불법이작중고

사경의 공덕은 십만억 부처님께 공양한 것과 같은 공덕이 있습니다.

		三昧 삼매	七了 칠료	疲厭 피염	般涅 반열
		善巧 선교	知 지	佛子 불자	槃 반
		智 지	一切 일체	是 시	作佛 작불
			世界 세계	爲 위	事 사
			佛 불	菩薩 보살	知 지
				摩訶 마하	諸 제
				薩 살	衆生 중생
				莊嚴 장엄	起 기
				第 제	
				大 대	

사경의 공덕은 십만억 부처님께 공양한 것과 같은 공덕이 있습니다.

發 願 文

귀의 삼보하옵고
거룩하신 부처님께 발원하옵나이다.

주　소 : _____

전　화 : _____　불명 : _____　성명 : _____

불기 25 _____년 _____월 _____일